Eva Danner & Beate Vogel

Mein allererstes Papier-Bastelbuch

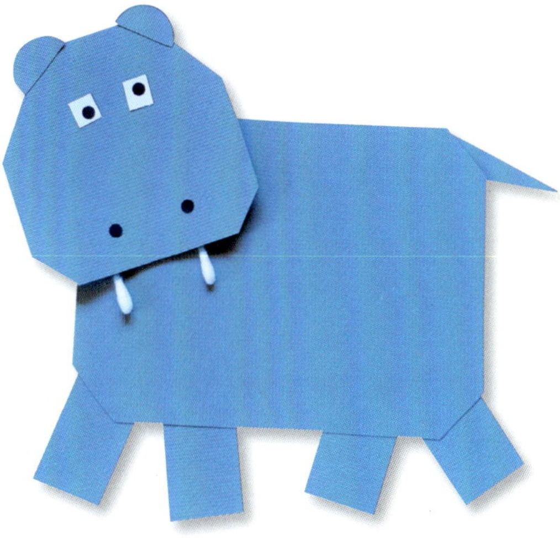

christophorus

Inhalt

Einfache Bastelideen

Kreativität macht unser Leben bunt und einzigartig. Schon kleinen Kindern bereitet es viel Freude, mit unterschiedlichen Materialien zu experimentieren und dabei grundlegende Techniken wie Kleben, Schneiden, Reißen und Malen kennenzulernen. Dinge selbst herstellen, Arbeitsschritte eigenständig ausführen und ein fertiges Produkt in den Händen halten, auf das man stolz sein kann – all diese Erfahrungen können bereits die Kleinsten mit einfachen Kreativangeboten sammeln. Eine Auswahl verschiedener Ideen möchten wir Ihnen in diesem Buch vorstellen. Dabei steht die Freude am Tun im Vordergrund.

Vor allem aus verschiedenen Papiersorten wie Tonkarton, Tonpapier, Glanz- oder Transparentpapier können bereits die Kleinsten die unterschiedlichsten Dinge anfertigen. Kombiniert mit einfachen Alltagsgegenständen wie Wattestäbchen, Wattepads, Wolle und Federn, die meist in jedem Haushalt zu finden oder kostengünstig zu beschaffen sind, entstehen daraus zum Beispiel Tiere, Blumen und Figuren. Beim Basteln können die Kinder vieles schon selbst machen, sie brauchen aber auch Erwachsene, die ihnen das Material vorbereiten und sie behutsam begleiten.

Bei der Auswahl der Angebote haben wir auf folgende Punkte großen Wert gelegt:

- einfache Schritt-für-Schritt-Anleitungen mit Fotos,
- kurze Vorbereitungszeit,
- geringe Materialkosten,
- schnelle Erfolgserlebnisse für die Kinder,
- Einsatz vielfältiger Techniken,
- farbenfrohe, individuelle Ergebnisse.

Alle Kreativideen wurden bereits mehrfach in der Praxis erprobt und sind auf die Bedürfnisse von Kindern ab 2 Jahren abgestimmt. Doch auch ältere Kinder werden sicher viel Spaß an der Umsetzung der einzelnen Vorschläge haben.

Viel Spaß und Freude beim Ausprobieren wünschen
Eva Danner und Beate Vogel

Material & Technik

Papier

- Tonpapier (130 g/qm) eignet sich am besten zum Schneiden für die Kleinen, da das Papier eine geringe Stärke aufweist. Tonpapier gibt es in vielen Farben im Hobbyfachhandel.
- Bei manchen Bastelarbeiten ist eine gute Stabilität wichtig, weshalb hier Tonkarton (220 g/qm) verwendet wird. Auch hier ist die Farbauswahl sehr groß.
- Glanzpapier leuchtet sehr schön und lässt sich bereits von den Jüngsten gut verarbeiten, da es sehr dünn ist. Oftmals gibt es im Hobbyfachhandel komplette Papiersortimente in einer Art Papierblock.
- Transparentpapier ist lichtdurchlässig, was den Bastelideen einen leuchtenden Effekt verleiht. Das Papier eignet sich gut zum Reißen und Schneiden. Auch dieses Papier erhalten Sie im Fachhandel.

Wattestäbchen bemalen

Wattestäbchen können auf zwei verschiedene Arten gefärbt werden:
a) Für einen pastelligen Farbton mit einem Pinsel etwas Wasserfarbe aufnehmen und diese in einen mit Wasser gefüllten Becher geben. Danach das Wattestäbchen in das gefärbte Wasser eintauchen und anschließend trocknen lassen.

b) Um einen kräftigen Farbton zu erhalten, das Wattestäbchen direkt in der Wasserfarbe mit dem Pinsel anmalen und anschließend trocknen lassen.

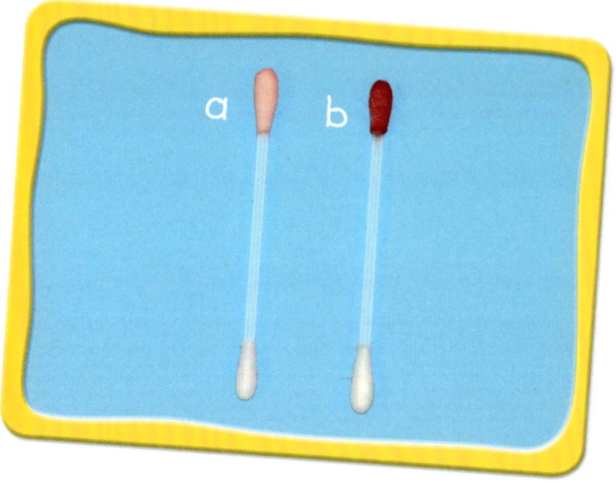

Am besten die feuchten Wattestäbchen über Nacht trocknen lassen, bevor sie weiterverarbeitet werden. Das Befestigen der Stäbchen an den Bastelarbeiten ist meist einfacher, wenn sie mittig durchgeschnitten werden; dies sollte ein Erwachsener übernehmen.

Pfeifenreiniger (Chenilledraht)

Für ganz kleine Kinder ist es zu schwer, die Pfeifenreiniger mit der Bastelschere zu durchtrennen. Der dafür benötigte Kraftaufwand ist noch zu groß. Am besten übernimmt ein Erwachsener diese Aufgabe.

Augen anfertigen

Für kleinere Kinder ist es fast unmöglich, runde Augen zu schneiden. Oft halten sie die Schere noch mit zwei Händen, was dazu führt, dass sie kleine eckige anstatt runde Formen abschneiden. Gerade die meist sehr kleinen Augen sind deshalb für Kinder kaum zu bewältigen. Hier eignen sich weiße Papierstreifen gut. Die Kinder können schnell und einfach Stücke davon abschneiden. Ein schwarzer Locherpunkt dient als Pupille.

Körperformen

Viele Körperformen entstehen aus Rechtecken oder Quadraten, bei denen lediglich die Ecken abgeschnitten werden. Es macht nichts, wenn der Körper dadurch eine etwas kantige Form erhält. Viel wichtiger ist es, dass die Kleinen den Körper auf diese Weise beinahe selbstständig herstellen können. Man muss oft nur das Papier für sie festhalten und/oder drehen.

Kleben

Beim Kleben benötigen die Kleinen oftmals noch Hilfe. Zum Kleben eignen sich Klebestifte, Flüssigkleber und Klebestreifen. Heißkleber gehört nicht in Kinderhände, er sollte nur von Erwachsenen verwendet werden.

Kreise zuschneiden

Mithilfe von Tassen, Tellern, Klebestiftkappen oder Gläsern unterschiedlich große Kreisformen anfertigen: Einfach den ausgewählten Gegenstand auf das Papier legen, mit einem Bleistift an der Form entlangfahren und die Kreisform ausschneiden. Die Kreise müssen nicht perfekt rund geschnitten sein.

Wattepads bemalen

Für einige Modelle in diesem Buch werden weiße Wattepads angemalt. Am besten die Farbe auf die Wattepads tupfen, das geht leichter, als die Farbe aufzumalen. Dazu Wasserfarbe mit reichlich Wasser verwenden. Die bemalten Wattepads über Nacht trocknen lassen.

Bunte Raupe

So gehts:

1. Die Wasserfarbe anrühren und je ein Ende der Wattestäbchen mit dem Pinsel schwarz einfärben.

2. Für den Kopf vom orangefarbenen Tonpapier ein Quadrat, 12 x 12 cm, und für die Körperteile je ein farblich unterschiedliches Quadrat, 10 x 10 cm, zuschneiden. Vom weißen und schwarzen Tonpapier je einen etwa 1,5 cm breiten Streifen anfertigen. Außerdem einen roten Kreis, 4,5 cm Ø, vorbereiten.

3. An den Quadraten jeweils alle vier Ecken abschneiden. Den roten Kreis halbieren (Mund). Vom weißen Streifen zwei kleine Stücke (Augen), vom schwarzen Streifen zehn größere Stücke (Beine) abschneiden.

4. Die beiden Wattestäbchen mit Klebestreifen am Kopf befestigen.

5. Die Augen und den Mund mit Klebstoff am Kopf anbringen. Zwei schwarze Locherpunkte als Pupillen, einen weiteren schwarzen Locherpunkt als Nase aufkleben.

6. Die Einzelteile der Raupe mit Klebstoff zusammensetzen, die Beine an der Rückseite des Körpers anbringen. Die Raupe auf einen grünen Papierbogen kleben.

Du brauchst:

weißes, gelbes, rotes, blaues, grünes, orange- und lilafarbenes sowie schwarzes Tonpapier, einen grünen Papierbogen, zwei Wattestäbchen, schwarze Wasserfarbe, Pinsel, Schere, Klebstoff, Klebestreifen, Locher

Weißes Schaf

Du brauchst:
weißes, rotes und schwarzes Tonpapier, einen grünen Papierbogen, ein Wattepad, Schere, Klebstoff, Locher

So gehts:

1. Aus weißem Tonpapier ein großes Rechteck, 12 x 8 cm, und ein kleines Rechteck, 8 x 2 cm, zuschneiden. Einen weißen Streifen, etwa 0,8 cm breit, und einen schwarzen Streifen, etwa 1 cm breit, vorbereiten. Aus rotem Tonpapier einen Kreis, 1,5 cm Ø, zuschneiden. Ein weißes Wattepad bereitlegen.

2. Für den Körper vom größeren Rechteck alle vier Ecken abschneiden. Das kleinere Rechteck halbieren und an jeweils einer schmalen Seite beide Ecken rund abschneiden (Ohren). Vom weißen Streifen vier größere Stücke (Beine) und vom schwarzen Streifen zwei kleinere Stücke (Augen) abschneiden. Den Kreis halbieren und eine Hälfte als Mund verwenden.

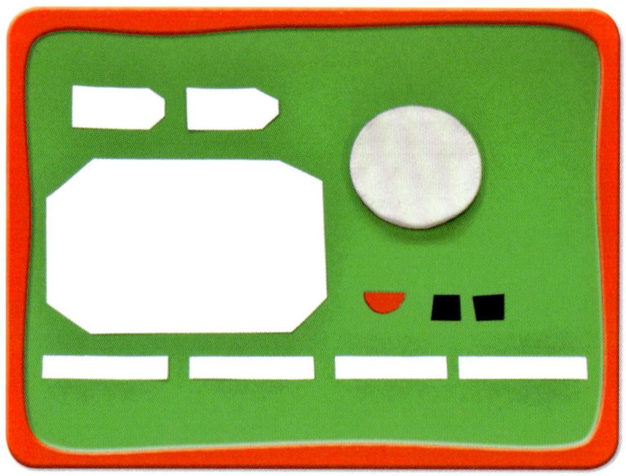

3. Augen und Mund auf den Wattepad (Kopf) kleben. Zwei weiße Locherpunkte als Pupillen und einen roten Locherpunkt als Nase anbringen. Die beiden Ohren an der Rückseite des Wattepads mit Klebstoff fixieren.

4. Den fertiggestellten Kopf und die vier Beine der Abbildung entsprechend mit Klebstoff am Körper befestigen. Das Schaf auf einen grünen Papierbogen kleben.

Farbige Tulpen

Du brauchst:
gelbes, rotes und lilafarbenes Tonpapier, grünes Transparentpapier, grünen Chenilledraht, Schere, Klebestreifen

So gehts:

1. Für eine rote Tulpe aus rotem Tonpapier ein Rechteck, 12 x 10 cm, zuschneiden. Einen grünen Bogen Transparentpapier (DIN A4) und einen grünen Chenilledraht, etwa 25 cm lang, bereitlegen.

2. Vom Transparentpapier einen Streifen abreißen. Am roten Rechteck die beiden Ecken einer schmalen Seite rund abschneiden, an der gegenüberliegenden Seite Zacken einschneiden.

3. Das Transparentpapier in der Mitte zusammenknüllen und der Abbildung entsprechend mit dem Chenilledraht umwickeln.

4. Den fertiggestellten Blumenstiel mit einem Klebestreifen an der Blüte fixieren.

5. Tulpen in verschiedenen Farben herstellen und am Fenster dekorieren.

Starkes Pferd

So gehts:

1. Die Wasserfarbe anrühren und je ein Ende der Wattestäbchen mit dem Pinsel braun einfärben.

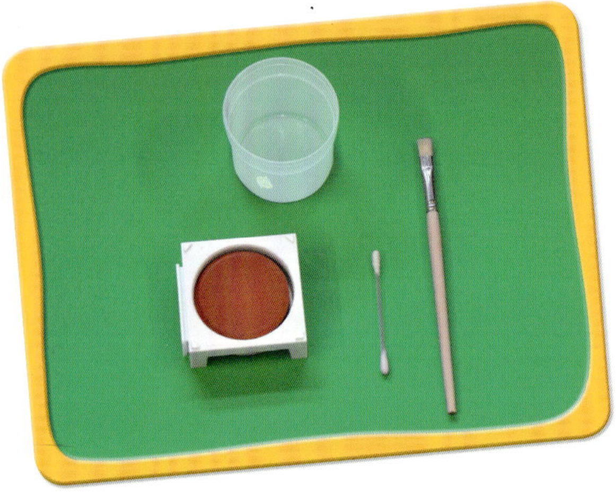

2. Aus braunem Tonpapier Rechtecke in den Größen 13 x 9 cm (Körper), 10 x 6 cm (Kopf), 11 x 3,5 cm (Hals) und 3,5 x 2,5 cm (Ohren) zuschneiden. Einen weißen Streifen, etwa 1,5 cm breit, und einen roten Kreis, 2,5 cm Ø, vorbereiten.

3. Am großen Rechteck (Körper) die vier Ecken abschneiden und am Kopfrechteck die beiden Ecken einer schmalen Seite rund abschneiden. Den Halsstreifen an einer langen Seite mehrmals einschneiden (Mähne), das kleine braune Rechteck diagonal durchschneiden (Ohren). Den roten Kreis halbieren, eine Hälfte davon als Mund verwenden. Vom weißen Streifen ein kleines Stück als Auge abschneiden.

4. Die Einzelteile des Kopfes der Abbildung entsprechend zusammensetzen und je einen schwarzen Locherpunkt als Pupille und Nüster aufkleben. Kopf und Mähne mit Klebstoff am Körper befestigen.

5. Auf der Rückseite des Pferdes die Wattestäbchen als Beine und Schweif mit Klebestreifen anbringen.

6. Wer mag, kann grüne Tonpapierstreifen als Wiese auf einem hellgrünen Papierbogen befestigen. Das Pferd darauf anbringen.

Du brauchst:

weißes, rotes, grünes, braunes und schwarzes Tonpapier, einen hellgrünen Papierbogen, fünf Wattestäbchen, braune Wasserfarbe, Pinsel, Schere, Klebstoff, Klebestreifen, Locher

Maulwurf

Du brauchst:
weißes, rosafarbenes, rotes, braunes und schwarzes Tonpapier, grünes Glanzpapier, einen hellgelben Papierbogen, grünes Naturpapier, Schere, Klebstoff, Locher

So gehts:

1. Vom schwarzen Tonpapier ein Rechteck, 15 x 12 cm, und ein Quadrat, 10 x 10 cm, zuschneiden. Vom braunen Tonpapier einen Kreis, 26 cm Ø, und vom roten Tonpapier einen Kreis, 3 cm Ø, anfertigen. Einen weißen Tonpapierstreifen, etwa 1 cm breit, ein rosafarbenes Tonpapierquadrat, 2 x 2 cm, und einen grünen Glanzpapierbogen (DIN A5) bereitlegen.

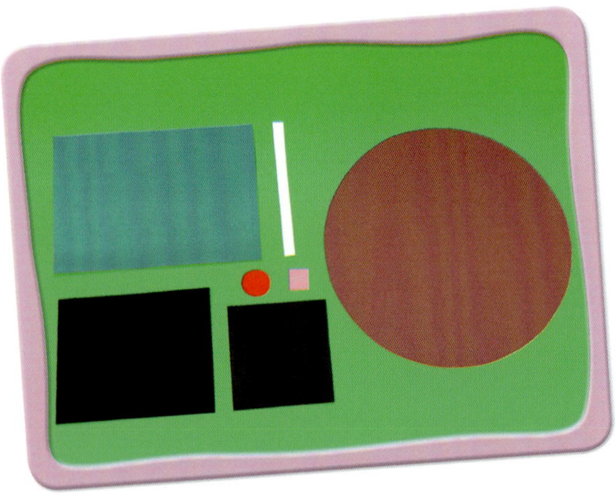

2. Vom Glanzpapier mehrere Streifen abreißen (Gras). Am schwarzen Rechteck die beiden Ecken einer schmalen Seite rund abschneiden (Körper), das schwarze Quadrat diagonal durchschneiden (Nase). Die vier Ecken des rosafarbenen Quadrats abschneiden (Nasenspitze), vom weißen Streifen ein kleines Stück abschneiden (Auge) und den roten Kreis halbieren (Mund). Vom braunen Tonpapierkreis etwa ein Drittel abschneiden, die verbleibenden zwei Drittel als Erdhügel verwenden.

3. Die grünen Streifen auf den Erdhügel kleben.

4. Die Nase mit Klebstoff am Körper befestigen. Auge, Nasenspitze und Mund ergänzen und einen schwarzen Locherpunkt als Pupille anbringen.

5. Den fertiggestellten Maulwurf an der Rückseite des Erdhügels befestigen. Wer mag, kann grünes Naturpapier als Wiese auf einen hellgelben Papierbogen kleben und den Maulwurf darauf befestigen.

Schmetterling

So gehts:

1. Die Wasserfarbe anrühren und je ein Ende der Wattestäbchen schwarz einfärben.

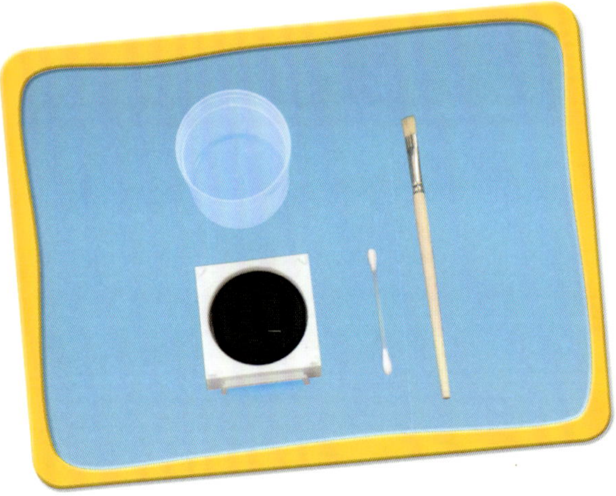

2. Einen gelben Tonpapierkreis, 25 cm Ø, und ein schwarzes Tonpapierrechteck, 25 x 5 cm, zuschneiden. Verschiedenfarbige Glanzpapierstreifen, etwa 2 cm breit, anfertigen.

3. Den gelben Kreis halbieren, die entstandenen Hälften als Flügel verwenden. Für den Körper am schwarzen Rechteck die Ecken abschneiden. Von den bunten Glanzpapierstreifen mehrere Stücke abschneiden.

4. Die beiden Kreishälften entsprechend der Abbildung auf den Schmetterlingskörper kleben. Bunte Glanzpapierstücke auf den Flügeln anbringen.

5. Die beiden Wattestäbchen als Fühler mit einem Klebestreifen an der Rückseite des Schmetterlings befestigen und das Motiv auf einen Papierbogen mit Wolkenmotiv kleben.

Du brauchst:

gelbes und schwarzes Tonpapier, Glanzpapier in verschiedenen Farben, einen Papierbogen mit Wolkenmotiv, zwei Wattestäbchen, schwarze Wasserfarbe, Pinsel, Schere, Klebstoff, Klebestreifen

Fröhliche Biene

So gehts:

1. Schwarze Wasserfarbe anrühren und je eine Seite der sechs Wattestäbchen einfärben. Nach dem Trocknen die Wattestäbchen in der Mitte durchschneiden und nur die schwarz gefärbten Teile weiterverwenden.

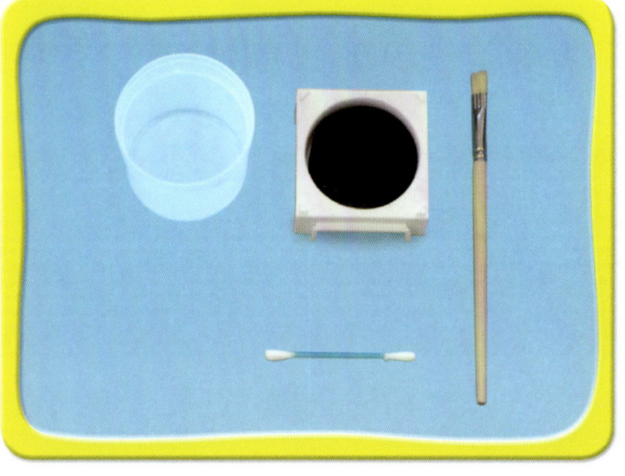

2. Ein gelbes Rechteck, 12 x 8 cm, und ein gelbes Quadrat, 7 x 7 cm, zuschneiden. Einen braunen Streifen, 1 x 32 cm, sowie einen weißen Streifen, 1 cm breit, vorbereiten. Einen roten Kreis, 2,5 cm Ø, anfertigen. Ein weißes Transparentpapierrechteck, 20 x 10 cm, zuschneiden.

3. An den beiden Rechtecken (Körper und Flügel) sowie am Quadrat (Kopf) alle vier Ecken abschneiden. Den braunen Streifen in vier etwa gleich lange Stücke schneiden. Vom weißen Streifen zwei kleinere Stücke abschneiden (Augen). Den roten Kreis halbieren (Mund).

4. Die Einzelteile des Kopfes mit Klebstoff zusammensetzen. Zwei schwarze Locherpunkte als Pupillen, einen roten Locherpunkt als Nase aufkleben. Zwei Wattestäbchen als Fühler mit Klebestreifen an der Rückseite des Kopfes befestigen.

5. Das Transparentpapier in der Mitte zusammenknüllen und als Flügel mit einem Klebestreifen an der Rückseite des Bienenkörpers fixieren. Ebenso vier Wattestäbchen als Beine anbringen.

6. Die braunen Streifen auf den Körper kleben. Den Kopf mit Klebstoff am Körper befestigen. Die Biene kann am Fenster dekoriert werden.

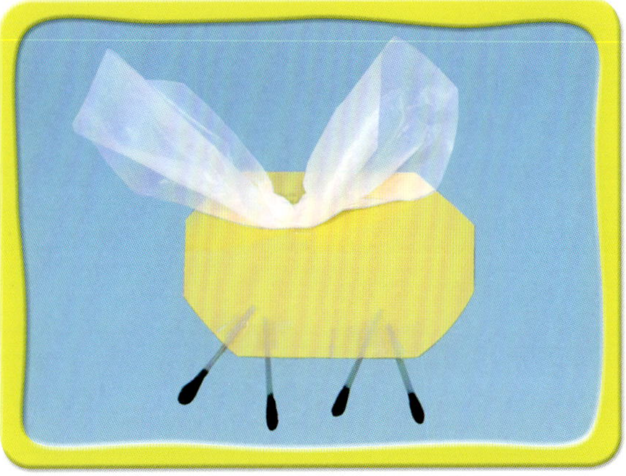

Du brauchst:

weißes, gelbes, rotes, braunes und schwarzes Tonpapier, weißes Transparentpapier, sechs Wattestäbchen, schwarze Wasserfarbe, Pinsel, Schere, Klebstoff, Klebestreifen, Locher

Leuchtende Sonne

So gehts:

1. Ein Wattepad mit gelber Wasserfarbe bemalen und trocknen lassen.

2. Zwei gelbe Tonpapierstreifen, je etwa 32 cm lang und 1 cm breit, vorbereiten und dann halbieren.

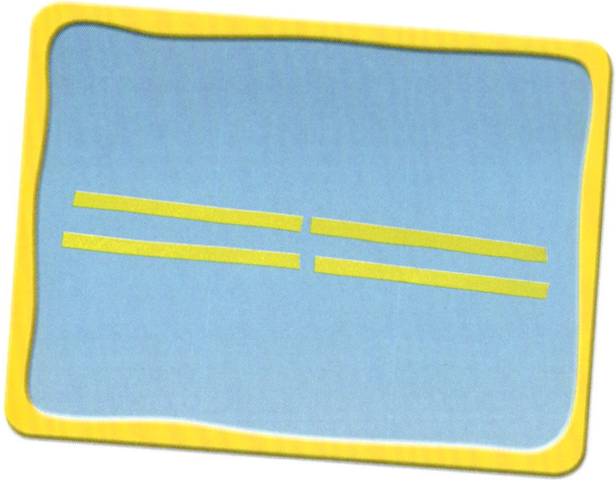

3. Die vier Streifen kreuzförmig übereinanderkleben und an der Rückseite des Wattepads befestigen. Die Sonne auf das Wolkenpapier kleben.

Du brauchst:

gelbes Tonpapier, einen Tonpapierbogen mit Wolkenmotiv, ein Wattepad, gelbe Wasserfarbe, Pinsel, Schere, Klebefilm

Regenbogen

So gehts:

1. Kreise aus Glanzpapier in folgenden Farben anfertigen: Rot (20 cm Ø), Orange (18 cm Ø), Gelb (16 cm Ø), Grün (14 cm Ø), Blau (12 cm Ø) und Lila (10 cm Ø). Bei der Anfertigung eventuell Teller, Untertassen und Gläser als Schablonen benutzen.

Du brauchst:
gelbes, orangefarbenes, rotes, lilafarbenes, grünes und blaues Glanzpapier, einen Tonpapierbogen mit Wolkenmotiv, Schere, Klebstoff

2. Die Kreise halbieren und je eine Hälfte für den Regenbogen verwenden.

3. Die einzelnen Hälften übereinander auf ein Wolkenpapier kleben, dabei zuerst den größten Halbkreis aufkleben und dann die anderen der Abbildung entsprechend ergänzen.

Gartenvogel

Du brauchst:
weißes, orangefarbenes, grünes, blaues und braunes Tonpapier, einen hellblauen Papierbogen, braune Federn, Schere, Klebstoff, Klebestreifen, Locher

So gehts:

1. Vom blauen Tonpapier ein Rechteck, 17 x 13 cm, vom grünen Tonpapier ein Quadrat, 9 x 9 cm, anfertigen. Ein orangefarbenes Rechteck, 12 x 5 cm, und einen orangefarbenen Kreis, 4,5 cm Ø, zuschneiden. Einen 1 cm breiten braunen Streifen, etwa 20 cm lang, und einen weißen Streifen, etwa 1,5 cm breit, vorbereiten. Mehrere Federn bereitlegen.

2. Vom blauen Rechteck (Körper) und vom grünen Quadrat (Kopf) alle vier Ecken abschneiden. Das orangefarbene Rechteck diagonal durchschneiden und einen Teil als Schnabel verwenden. Den braunen Streifen (Beine) und den orangefarbenen Kreis (Füße) halbieren. Vom weißen Streifen ein kleines Stück abschneiden.

3. Das weiße Stück Tonpapier als Auge auf den Kopf kleben und einen schwarzen Locherpunkt als Pupille anbringen. Den Schnabel mit Klebstoff an der Rückseite befestigen.

4. Die orangefarbenen Halbkreise (Füße) auf die braunen Streifen (Beine) kleben.

5. Die Einzelteile des Vogels der Abbildung entsprechend zusammensetzen. Mit einem Klebestreifen einige Federkiele umwickeln und mit einem weiteren Klebestreifen auf der Rückseite des Vogels als Schwanz anbringen.

6. Weitere Federn als Flügel an der Vorderseite festkleben. Wer mag, kann den Vogel auf einem hellblauen Papierbogen fixieren.

Heißluftballon

So gehts:

1. Ein lilafarbenes Quadrat, 20 x 20 cm, sowie ein braunes Quadrat, 10 x 10 cm, anfertigen. Je einen rosafarbenen, gelben, grünen und blauen Tonpapierstreifen, je etwa 1,5 cm breit, vorbereiten. Zwei gelbe Chenilledrähte, etwa 30 cm lang, bereitlegen.

2. Vom lilafarbenen Quadrat (Ballon) alle Ecken rund abschneiden, vom braunen Quadrat (Korb) zwei Ecken abschneiden. Von den bunten Streifen mehrere Stücke zuschneiden.

3. Die bunten Stücke auf den lilafarbenen Ballon kleben.

4. Mit der Lochzange der Abbildung entsprechend zwei Löcher in den Korb stanzen. Die beiden Chenilledrähte durchziehen und die Enden so verdrehen, dass keine Drahtspitze absteht.

5. An den Seiten des Ballons zwei weitere Löcher stanzen. Die anderen Enden der Chenilledrähte durchziehen und verdrehen. Der Heißluftballon kann am Fenster dekoriert werden.

Du brauchst:
gelbes, rosafarbenes, blaues und grünes Tonpapier, lilafarbenen und braunen Tonkarton, zwei gelbe Chenilledrähte, Schere, Klebstoff, Lochzange

Herbstdrachen

Du brauchst:
gelbes und rotes Tonpapier, Transparentpapier in verschiedenen Farben, Paketschnur, Schere, Klebstoff, Lochzange

So gehts:

1. Einen roten Tonpapierbogen (DIN A4) bereitlegen. Vom gelben Tonpapier ein Quadrat, 15 x 15 cm, zuschneiden. Verschiedenfarbige Transparentpapierstreifen, etwa 10 cm breit, anfertigen. Ein Stück Paketschnur bereitlegen.

2. Das rote Rechteck an den beiden langen Seiten entlang spitz zuschneiden. Das Quadrat diagonal durchschneiden. Von den Transparentpapierstreifen je zwei Stücke abschneiden.

3. Die Transparentpapierstreifen in der Mitte zusammenknüllen und an der Paketschnur festknoten.

4. Mit der Lochzange an der unteren Spitze des Drachens ein Loch stanzen. Die Paketschnur durchziehen und festknoten.

Die Einzelteile des Drachens der Abbildung entsprechend am Fenster dekorieren.

Entenkind

So gehts:

1. Vom gelben Tonpapier einen Kreis, 16 cm Ø, und ein Quadrat, 8 x 8 cm, anfertigen. Ein orangefarbenes Rechteck, 6 x 4 cm, und einen weißen Streifen, etwa 2 cm breit, vorbereiten. Zwei gelbe Federn bereitlegen.

2. Vom gelben Kreis etwa ein Drittel abschneiden, die verbleibenden zwei Drittel für den Körper verwenden. Am gelben Quadrat die Ecken abschneiden (Kopf). Vom orangefarbenen Rechteck die beiden Ecken einer schmalen Seite rund abschneiden (Schnabel). Für das Auge vom weißen Streifen ein kleines Stück abschneiden.

3. Die Einzelteile des Kopfes mit Klebstoff zusammensetzen. Einen schwarzen Locherpunkt als Pupille anbringen und den fertiggestellten Kopf am Körper befestigen. Die beiden Federn aufkleben. Wer mag, kann die Ente auf einem hellblauen Papierbogen anbringen.

Du brauchst:

weißes, gelbes, orangefarbenes und schwarzes Tonpapier, einen hellblauen Papierbogen, zwei gelbe Federn, Schere, Klebstoff, Locher

Dampfschiff

So gehts:

1. Drei gelbe Quadrate, je 4 x 4 cm, einen roten Kreis, 20 cm Ø, sowie zwei schwarze Streifen, 4 cm und 3 cm breit, zuschneiden. Etwas weiße Märchenwolle bereitlegen.

2. Für die Bullaugen an den gelben Quadraten alle vier Ecken rund abschneiden. Etwa ein Drittel vom roten Kreis abschneiden, die verbleibenden zwei Drittel für den Schiffsrumpf verwenden. Von den schwarzen Streifen je ein längeres Stück abschneiden (Schornsteine).

Du brauchst:
gelbes, rotes, blaues und schwarzes Tonpapier, einen hellblauen Papierbogen, weiße Märchenwolle, Schere, Klebstoff, Klebestreifen

3. Etwas Märchenwolle abzupfen, an einem Ende verdrehen und mit einem Klebestreifen am Schornstein befestigen. Die beiden fertiggestellten Schornsteine an der Rückseite des Dampfers mit Klebstoff anbringen. Die Bullaugen auf den Dampfer kleben. Wer mag, kann blaue Tonpapierstreifen als Wellen auf einen hellblauen Papierbogen kleben. Den Dampfer darauf befestigen.

Seerosen

Du brauchst:

grünes Tonpapier, rosa- und lilafarbenes Transparentpapier, einen Papierbogen mit Wassermotiv, drei Wattepads, lilafarbene und rote Wasserfarben, Pinsel, Schere, Klebstoff

So gehts:

1. Für eine lilafarbene Blüte ein Wattepad mit lilafarbener Wasserfarbe (stark verdünnt) bemalen und trocknen lassen.

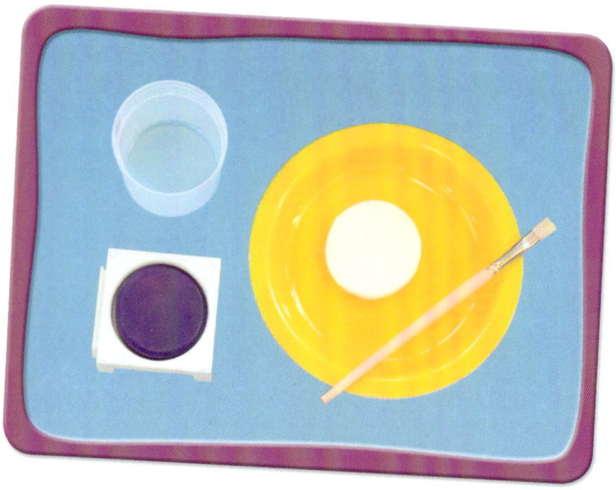

2. Vier lilafarbene Transparentpapierstreifen, je 15 x 5 cm, und einen grünen Tonpapierkreis, 20 cm Ø, vorbereiten.

3. Die Ecken der Transparentpapierstreifen jeweils spitz zuschneiden. Vom Tonpapierkreis der Abbildung entsprechend ein Dreieck ausschneiden.

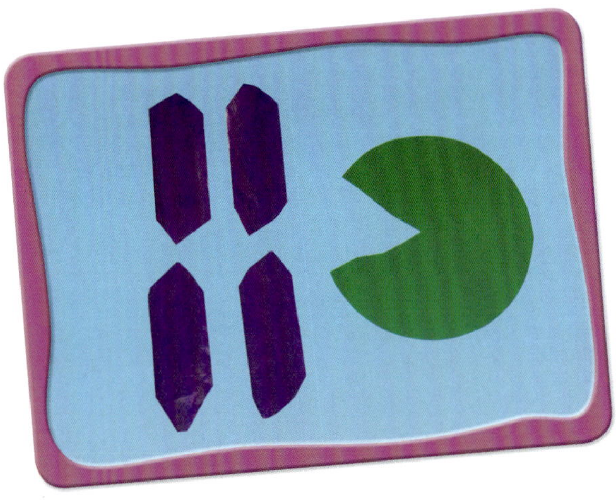

4. Die Transparentpapierstreifen kreuzförmig übereinanderkleben.

5. Das getrocknete Wattepad mittig auf die Seerosenblüte kleben.

6. Mehrere Seerosenblüten in Rosa und Lila sowie grüne Seerosenblätter anfertigen und auf einen Papierbogen mit Wassermotiv kleben.

Leuchtturm

So gehts:

1. Ein Wattepad mit gelber Wasserfarbe bemalen und trocknen lassen.

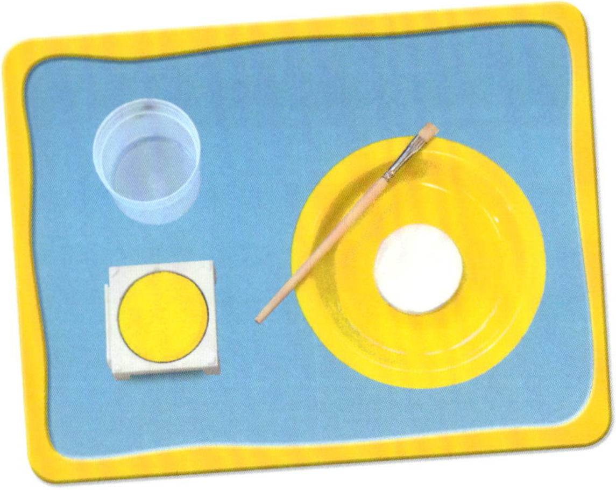

2. Vom weißen Tonpapier einen langen Streifen, 10 cm breit, und ein Rechteck, 16 x 5 cm, anfertigen. Vom roten Tonpapier zwei Rechtecke, je 20 x 2,5 cm, und ein Rechteck, 12 x 9 cm, vorbereiten.

3. Vom weißen Streifen ein etwa 20 cm langes Stück abschneiden. Am weißen Rechteck die beiden schmalen Seiten leicht schräg abschneiden. Die beiden langen roten Rechtecke halbieren. Am anderen roten Rechteck die beiden Ecken einer schmalen Seite rund abschneiden.

4. Die Einzelteile der Abbildung entsprechend mit Klebstoff zusammensetzen.

5. Das gelbe Wattepad als Signalleuchte am Leuchtturm anbringen. Wer mag, kann sandfarbene Tonpapierstreifen als „Insel" auf einem Papierbogen mit Wassermotiv befestigen. Den Leuchtturm aufkleben.

Du brauchst:

weißes, sandfarbenes und rotes Tonpapier, einen Papierbogen mit Wassermotiv, ein Wattepad, gelbe Wasserfarbe, Pinsel, Schere, Klebstoff

Stachelige Seeigel

So gehts:

1. Die Wasserfarbe anrühren und je ein Ende der Wattestäbchen mit dem Pinsel schwarz einfärben.

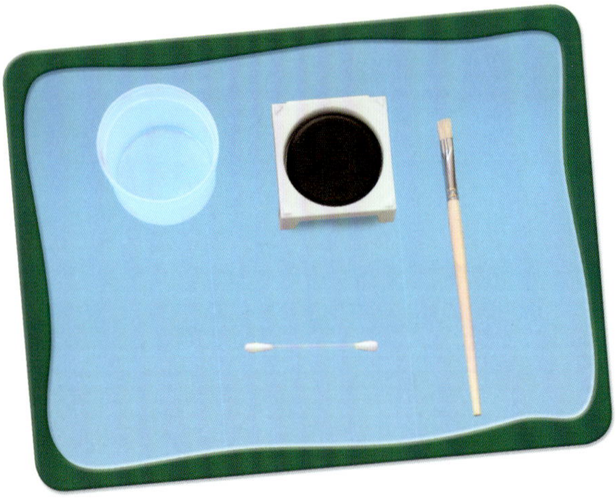

2. Aus schwarzem Tonpapier ein Quadrat, 10 x 10 cm, zuschneiden. Einen weißen Papierstreifen, etwa 1,5 cm breit, und einen roten Kreis, 2,5 cm Ø, vorbereiten.

3. Für den Seeigelkörper vom schwarzen Quadrat alle vier Ecken abschneiden. Vom weißen Streifen zwei kleine Stücke abschneiden und als Augen verwenden. Den roten Kreis halbieren (Mund).

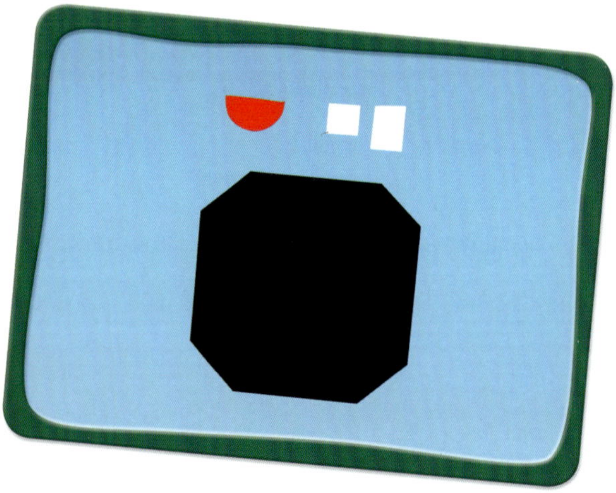

4. Die Einzelteile des Gesichts mit Klebstoff auf den Körper setzen. Zwei schwarze Locherpunkte als Pupillen, einen roten Locherpunkt als Nase aufkleben.

Du brauchst:

weißes, rotes und schwarzes Tonpapier, grünes Glanzpapier, einen hellblauen Papierbogen, zehn Wattestäbchen, schwarze Wasserfarbe, Pinsel, Schere, Klebstoff, Klebestreifen, Locher

5. Die Wattestäbchen der Abbildung entsprechend auf der Rückseite des Seeigels mit Klebestreifen fixieren.

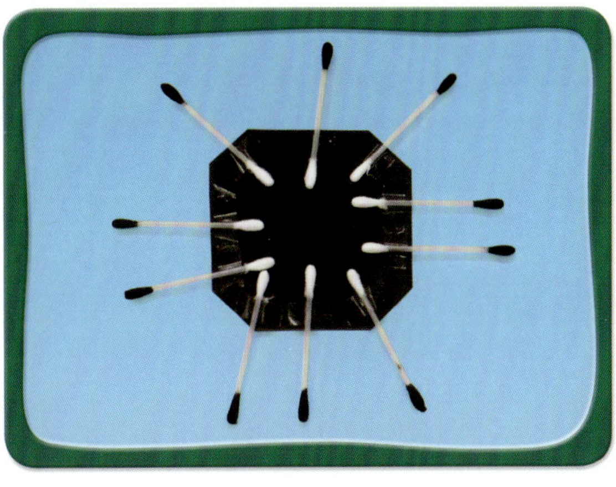

6. Vom grünen Glanzpapier einige Streifen abreißen und als Wasserpflanzen mit Klebstoff auf einem blauen Papierbogen anbringen. Mehrere Seeigel anfertigen und aufkleben, eventuell Heißkleber verwenden (nur ein Erwachsener!).

Seepferdchen

Du brauchst:
weißes, gelbes und schwarzes Tonpapier, einen Papierbogen mit Wassermotiv, gelben Chenilledraht, Schere, Klebstoff, Klebestreifen, Locher

So gehts:

1. Vom gelben Tonpapier ein schmales Rechteck, etwa 20 x 2 cm, ein Rechteck, 10 x 3 cm, ein Quadrat, 5 x 5 cm, sowie einen Kreis, 11 cm Ø, anfertigen. Einen weißen Streifen, etwa 1 cm breit, vorbereiten. Außerdem einen gelben Chenilledraht bereitlegen.

2. Vom schmalen Rechteck vier Stücke (etwa quadratisch) abschneiden (Zacken), den Rest als Hals verwenden. Das zweite Rechteck halbieren (Mund und Rückenflosse). Vom Quadrat alle vier Ecken rund abschneiden (Kopf). Den Kreis halbieren und eine Hälfte als Bauch verwenden. Für das Auge vom weißen Streifen ein kleines Stück abschneiden. Vom Chenilledraht ein etwa 20 cm langes Stück zuschneiden.

3. Die vier gelben quadratischen Stücke diagonal durchschneiden. Ein Teil des halbierten Rechtecks an den beiden langen Seiten schräg zuschneiden (Mund), am anderen Teil die beiden schmalen Seiten schräg abschneiden (Rückenflosse).

4. Den Mund und den Hals der Abbildung entsprechend von hinten am Kopf mit Klebstoff befestigen. Das Auge aufkleben und einen schwarzen Locherpunkt als Pupille anbringen.

5. Den halbrunden Bauch auf den Hals kleben, die Rückenflosse von hinten am Bauch befestigen. Die Zacken an der Rückseite des Seepferdchens verteilen und festkleben.

6. Den Chenilledraht der Abbildung entsprechend einrollen und mit Klebestreifen hinten am Seepferdchen fixieren. Das Seepferdchen auf einen Papierbogen mit Wassermotiv kleben.

Papagei

Du brauchst:

weißes, gelbes, rotes, orangefarbenes, blaues, hellgrünes und schwarzes Tonpapier, bunte Federn, einen kleinen Zweig, Schere, Klebstoff, Klebestreifen, Locher

So gehts:

1. Ein blaues Rechteck, 20 x 10 cm, ein rotes Rechteck, 15 x 12 cm, sowie ein orangefarbenes Rechteck, 6 x 3 cm, zuschneiden. Aus hellgrünem Tonpapier ein Quadrat, 9 x 9 cm, anfertigen. Außerdem einen weißen Streifen, etwa 1,5 cm breit, sowie zwei gelbe Streifen, je 12 x 0,5 cm, vorbereiten. Bunte Federn bereitlegen.

2. Das blaue Rechteck zu einer Seite schmal zuschneiden (Schwanz). Vom roten Rechteck (Körper) sowie vom hellgrünen Quadrat (Kopf) alle vier Ecken abschneiden. Das orangefarbene Rechteck diagonal durchschneiden und eine Hälfte als Schnabel verwenden. Vom weißen Streifen zwei kleine Stücke abschneiden. Die beiden gelben Streifen in zwei Teile schneiden (Länge: zwei Drittel und ein Drittel).

3. Die Augen und den Schnabel auf den Kopf kleben und zwei schwarze Locherpunkte als Pupillen anbringen.

4. Den Kopf mit Klebstoff am Körper befestigen. Die beiden kürzeren gelben Streifen quer über die längeren kleben. Die so entstandenen Beine von hinten am Papageienkörper befestigen.

5. Ein Stück des blauen Papageienschwanzes umknicken und an der Rückseite des Papageis mit Klebstoff anbringen. Jeweils drei Federn mit einem Klebestreifen umwickeln, danach mit einem weiteren Klebestreifen als Flügel befestigen.

6. Wer mag, kann den Papagei am Fenster anbringen und mit einem kleinen Zweig dekorieren.

Frecher Affe

Du brauchst:
weißes, grünes, hellbraunes und schwarzes Tonpapier, dunkelbraunen Tonkarton, grünes Krepppapier, dunkelbraunen Chenilledraht, Schnur, einen schwarzen Stift, Schere, Klebstoff, Locher, Lochzange

So gehts:

1. Aus hellbraunem Tonpapier ein Quadrat, 10 x 10 cm, zwei Quadrate, je 5 x 5 cm, ein Rechteck, 12 x 10 cm, sowie einen Streifen, etwa 1,5 cm breit und 25 cm lang, vorbereiten. Aus dunkelbraunem Tonkarton ein großes Rechteck, 18 x 15 cm, ein kleines Rechteck, 12 x 10 cm, sowie einen Streifen, etwa 2 cm breit und 20 cm lang, zuschneiden. Außerdem einen weißen Streifen, etwa 2 cm breit, und einen Chenilledraht, etwa 50 cm lang, bereitlegen.

2. Vom hellbraunen Rechteck (Mund) und vom großen hellbraunen Quadrat (Bauch) alle vier Ecken abschneiden. An den kleinen hellbraunen Quadraten je zwei Ecken rund abschneiden (Ohren). Vom großen dunkelbraunen Rechteck (Körper) und vom kleinen dunkelbraunen Rechteck (Kopf) alle vier Ecken abschneiden, den dunkelbraunen Streifen (Beine) halbieren. Für die Augen vom weißen Streifen zwei kleine Stücke abschneiden. Den Chenilledraht halbieren (Arme).

3. Den Bauch auf den Körper kleben. Die Beine von hinten mit Klebstoff befestigen. Mit der Lochzange zwei Löcher für die Arme stanzen.

4. Die Einzelteile des Kopfes mit Klebstoff zusammensetzen. Zwei schwarze Locherpunkte als Pupillen, zwei weitere schwarze Locherpunkte als Nasenlöcher aufkleben. Mit einem schwarzen Stift einen Mund aufzeichnen.

5. Die beiden Chenilledrähte durch die Löcher ziehen und die Enden so verdrehen, dass keine Drahtspitzen abstehen. Das Ende des hellbraunen Streifens etwa 1 cm umknicken und mit Klebstoff an der Rückseite des Affenkörpers befestigen.

6. Den Kopf auf den Körper kleben. Die Arme etwas umbiegen. Wer mag, kann den Affen an eine Schnur hängen und mit grünen Krepppapierstreifen und grünen, selbst zugeschnittenen Tonpapierblättern dekorieren.

Nilpferd

Du brauchst:

weißes, graues und schwarzes Tonpapier, einen hellbraunen Papierbogen, zwei Wattestäbchen, Schere, Klebstoff, Klebestreifen, Locher

So gehts:

1. Aus grauem Tonpapier ein Quadrat (Kopf), 10 x 10 cm, Rechtecke in den Größen 17 x 13 cm (Körper), 20 x 3 cm (Beine) und 5 x 2 cm (Schwanz), sowie einen Kreis, 2,5 cm Ø, zuschneiden. Einen weißen Streifen, etwa 1 cm breit, anfertigen. Zwei Wattestäbchen bereitlegen.

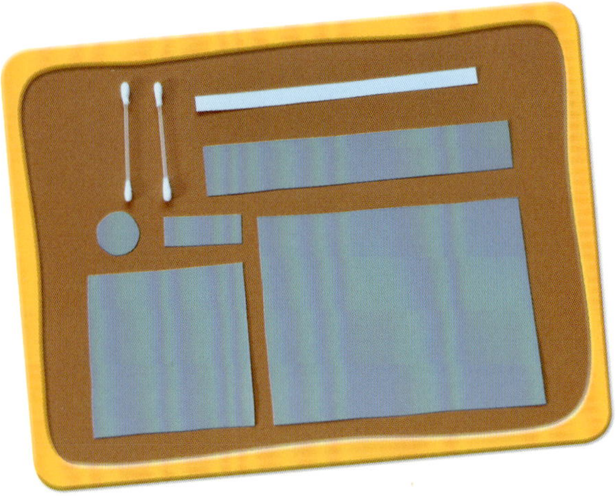

2. Vom großen Rechteck alle vier Ecken rund abschneiden, ebenso vom Quadrat alle Ecken abschneiden, auf einer Seite jedoch etwas großzügiger. Für die Beine das längliche Rechteck in vier Stücke schneiden. Das kleine Rechteck diagonal durchschneiden und eine Hälfte als Schwanz verwenden. Den Kreis halbieren und vom weißen Streifen zwei kleine Stücke abschneiden.

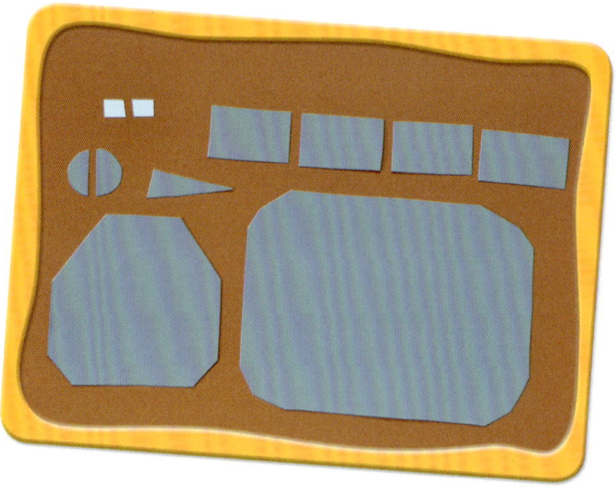

3. Die Einzelteile des Kopfes zusammensetzen. Zwei schwarze Locherpunkte als Pupillen, zwei weitere als Nasenlöcher aufkleben.

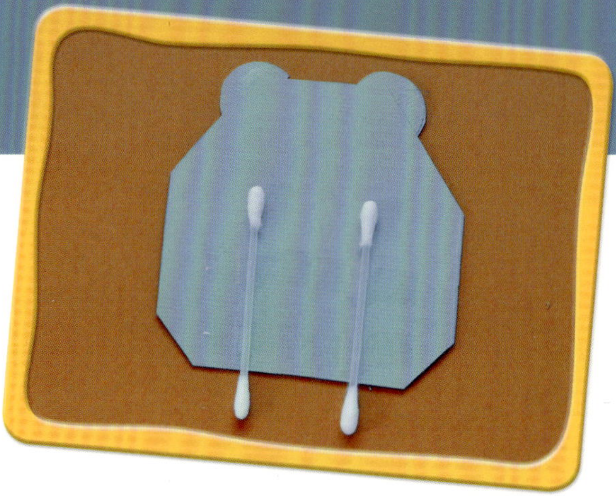

4. Die Beine sowie den Schwanz mit Klebstoff am Körper anbringen.

5. Die beiden Wattestäbchen der Abbildung entsprechend mit Klebestreifen an der Rückseite des Kopfes befestigen.

6. Den fertiggestellten Kopf mit Klebstoff am Körper anbringen. Das Nilpferd auf einen hellbraunen Papierbogen kleben.

Löwenkopf

So gehts:

1. Zwei Wattepads mit brauner Wasserfarbe bemalen und trocknen lassen.

2. Aus gelben Tonpapier ein Quadrat, 20 x 20 cm, zuschneiden. Einen weißen Streifen, etwa 2 cm breit, zwei schwarze Streifen, etwa 0,5 cm breit und 50 cm lang, sowie mehrere braune Streifen, etwa 2 cm breit, vorbereiten. Ein braunes Quadrat, 3 x 3 cm, und einen roten Kreis, 5 cm Ø, anfertigen.

3. Für den Kopf vom gelben Quadrat alle vier Ecken rund abschneiden. Ebenso am braunen Quadrat (Nase) die Ecken abschneiden. Den roten Kreis halbieren (Mund). Für die Augen vom weißen Streifen zwei kleine Stücke abschneiden. Die schwarzen Streifen halbieren (Barthaare), von den braunen Streifen mehrere größere Stücke abschneiden (Mähne).

4. Die braunen Wattepads als Ohren auf der Rückseite des Kopfes anbringen.

5. Die Einzelteile des Kopfes der Abbildung entsprechend zusammensetzen. Zwei schwarze Locherpunkte als Pupillen aufkleben.

6. Die braunen Streifen als Mähne auf der Rückseite des Kopfes mit Klebstoff befestigen. Den Löwenkopf auf einem grünen Papierbogen anbringen.

Du brauchst:

weißes, gelbes, rotes, braunes und schwarzes Tonpapier, einen grünen Papierbogen, zwei Wattepads, braune Wasserfarbe, Pinsel, Schere, Klebstoff, Locher

Schildkröte

Du brauchst:

weißes, rotes, hell- und mittelblaues, hell-, mittel- und dunkelgrünes sowie schwarzes Tonpapier, dunkelgrünes Glanzpapier, Schere, Klebstoff, Locher

So gehts:

1. Aus hellgrünem Tonpapier ein Rechteck, 15 x 13 cm, und aus dunkelgrünem Tonpapier zwei Rechtecke, 8 x 7 cm und 24 x 4 cm, zuschneiden. Einen weißen, etwa 1,5 cm breiten Tonpapierstreifen sowie einen dunkelgrünen Glanzpapierstreifen, etwa 3 cm breit, vorbereiten. Aus rotem Tonpapier einen Kreis, 2,5 cm Ø, anfertigen.

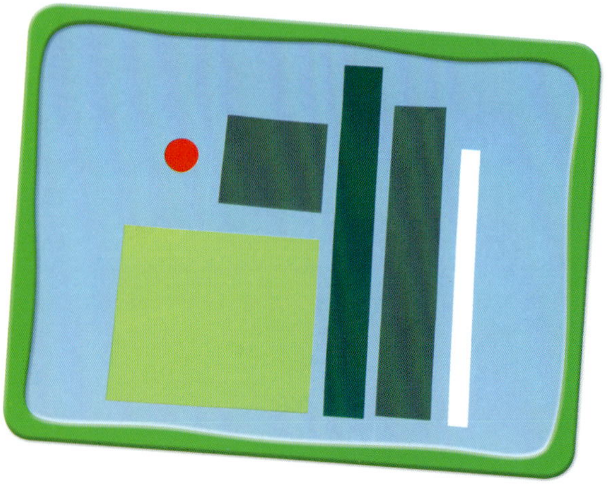

2. Für den Körper vom hellgrünen Rechteck alle vier Ecken abschneiden. Das lange dunkelgrüne Rechteck (Beine) in vier Teile schneiden und jeweils zwei Ecken einer Seite abschneiden. Ebenso die beiden Ecken einer schmalen Seite des anderen dunkelgrünen Rechtecks (Kopf) abschneiden. Vom Glanzpapierstreifen mehrere kleine Stücke zuschneiden. Den roten Kreis halbieren und eine Hälfte als Mund verwenden. Vom weißen Tonpapierstreifen zwei kleine Stücke abschneiden (Augen).

3. Die Augen und den Mund auf den Kopf kleben. Zwei schwarze Locherpunkte als Pupillen und einen roten Locherpunkt als Nase anbringen.

4. Die Glanzpapierstücke auf den Körper kleben. Die vier Beine an der Rückseite des Schildkrötenkörpers mit Klebstoff befestigen.

5. Den fertiggestellten Kopf von hinten am Körper fixieren. Wer mag, kann einen Untergrund aus Tonpapierstreifen in Blau- und Grüntönen anfertigen und die Schildkröte darauf anbringen.

Lustige Spinne

Du brauchst:
weißes, rotes und schwarzes Tonpapier, hell- und dunkelbraunen Tonkarton, vier schwarze Chenilledrähte, schwarze Märchenwolle, Schere, Klebstoff, Locher, Lochzange

So gehts:

1. Vom dunkelbraunen Tonkarton ein Quadrat (Körper), 10 x 10 cm, und vom hellbraunen Tonkarton ein Quadrat (Kopf), 7 x 7 cm, vorbereiten. Einen weißen Streifen, etwa 1 cm breit, und einen roten Kreis, 2,5 cm Ø, zuschneiden. Vier schwarze Chenilledrähte, etwa 25 cm lang, sowie etwas schwarze Märchenwolle bereitlegen.

2. Von den beiden Quadraten alle vier Ecken abschneiden. Vom weißen Streifen zwei kleine Stücke abschneiden (Augen). Den Kreis halbieren und eine Hälfte als Mund verwenden. Die Chenilledrähte halbieren (Beine).

3. Die Augen und den Mund auf den Kopf kleben. Zwei schwarze Locherpunkte als Pupillen sowie einen schwarzen Locherpunkt als Nase anbringen.

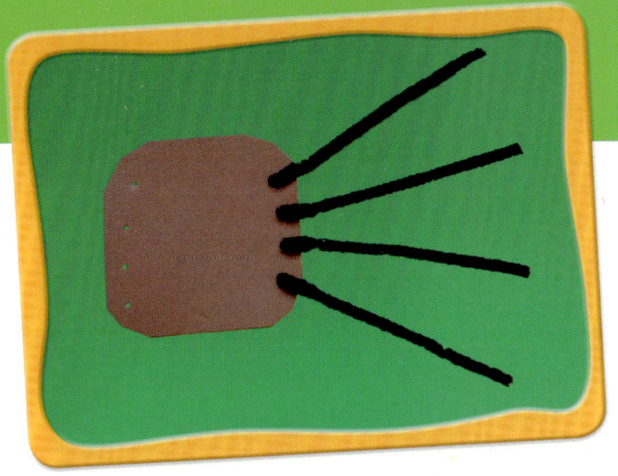

4. Mit der Lochzange der Abbildung entsprechend acht Löcher in den Spinnenkörper stanzen. Je einen Chenilledraht durchziehen und das Ende so verdrehen, dass keine Spitze absteht.

5. Den Kopf und etwas schwarze Märchenwolle mit Klebstoff auf dem Spinnenkörper anbringen.

6. Die Enden der Chenilledrähte nach unten umknicken, sodass die Spinne auf ihren Beinen stehen kann.

Schneemann

Du brauchst:

weißes Tonpapier, orangefarbenes und schwarzes Glanzpapier, einen hellblauen Papierbogen, Watte, Schere, Klebstoff, Locher

So gehts:

1. Vom weißen Tonpapier zwei Quadrate, 12 x 12 cm und 10 x 10 cm, anfertigen. Vom schwarzen Glanzpapier einen 6 cm breiten und 20 cm langen Streifen und einen 2 cm breiten Streifen, ebenfalls etwa 20 cm lang, zuschneiden. Ein Rechteck aus orangefarbenem Glanzpapier, 5 x 3 cm, vorbereiten.

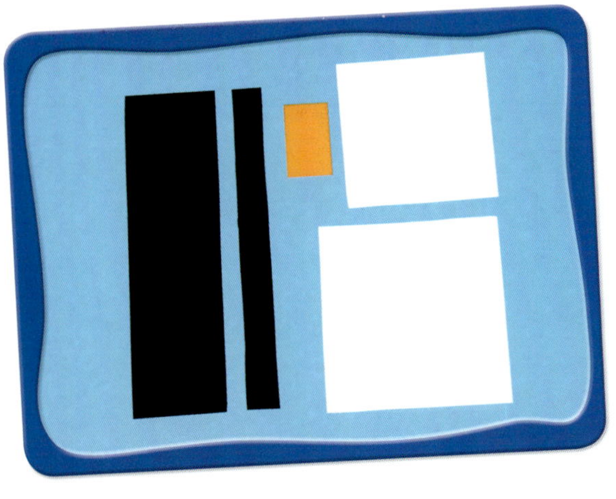

2. Vom breiten Glanzpapierstreifen ein Stück abschneiden (Hut). Vom schmalen Glanzpapierstreifen fünf kleine Stücke (quadratisch) abschneiden (Augen und Knöpfe). Den restlichen Streifen für den Hut verwenden. Von den beiden weißen Quadraten alle Ecken abschneiden. Das orangefarbene Rechteck diagonal durchschneiden und eine Hälfte als Nase verwenden.

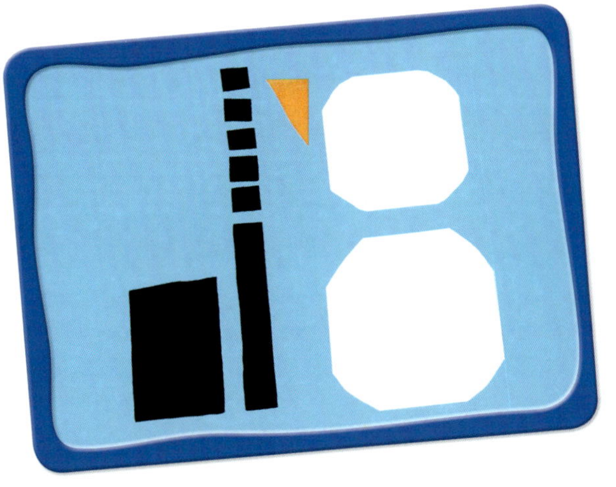

3. Für den Hut die beiden schwarzen Glanzpapierstreifen der Abbildung entsprechend übereinanderkleben.

4. Drei Glanzpapierstücke als Knöpfe auf dem Körper anbringen.

5. Augen und Nase auf den Kopf kleben. Zwei weiße Locherpunkte als Pupillen anbringen. Den Hut ergänzen.

6. Den Kopf auf dem Körper befestigen. Wer mag, kann weiße Tonpapierstreifen als Schneefläche auf einen hellblauen Papierbogen kleben und den Schneemann darauf anbringen. Kleine Wattebällchen als Schneeflocken ergänzen.

Schneeglöckchen

So gehts:

1. Vom weißen Tonpapier einen 4 cm breiten Streifen sowie ein Quadrat, 5 x 5 cm, zuschneiden. Einen 2 cm breiten grünen Streifen, etwa 20 cm lang, und einen grünen Kreis, 5 cm Ø, vorbereiten. Einen grünen Chenilledraht, etwa 25 cm lang, bereitlegen.

2. Vom weißen Quadrat die Ecken (Blüte), vom weißen Streifen ein quadratisches Stück abschneiden (Blüte). Den grünen Streifen und den grünen Kreis halbieren.

3. Für die Blätter an den beiden grünen Streifen die Ecken abschneiden. Das weiße „Quadrat" (Ecken abgeschnitten) halbieren.

4. Die Einzelteile der Blüte der Abbildung entsprechend mit Klebstoff zusammensetzen.

5. Den Chenilledraht an einem Ende etwas umbiegen und mit Heißkleber (nur ein Erwachsener!) auf einen Papierbogen kleben, und zwar etwas oberhalb der unteren Kante. Die Blüte ebenso mit Heißkleber am Blütenstiel befestigen.

Du brauchst:

weißes und grünes Tonpapier, einen hellblauen Papierbogen, grünen Chenilledraht, Schere, Klebstoff, eventuell Heißkleber

6. Die Blütenblätter aufkleben. Noch zwei weitere Schneeglöckchen anfertigen und anbringen. Wer mag, kann den unteren Rand des Papierbogens mit weißen Tonpapierstreifen (Schneefläche) bekleben.

Pinguin

Du brauchst:
weißes, orangefarbenes und schwarzes Tonpapier, einen hellblauen Papierbogen, Schere, Klebstoff, Locher

So gehts:

1. Vom schwarzen Tonpapier ein Rechteck, 13 x 9 cm, ein Quadrat, 6 x 6 cm, sowie einen Kreis, 10 cm Ø, zuschneiden. Ein orangefarbenes Quadrat, 3 x 3 cm, und ein orangefarbenes Rechteck, 2,5 x 1,5 cm, anfertigen. Ein weißes Rechteck, 9 x 6 cm, sowie einen etwa 1 cm breiten Streifen vorbereiten.

2. Vom schwarzen Rechteck (Körper) und vom schwarzen Quadrat (Kopf) die Ecken abschneiden. Für die Flügel den schwarzen Kreis halbieren. Das orangefarbene Quadrat diagonal durchschneiden (Füße), das orangefarbene Rechteck ebenfalls diagonal durchschneiden und eine Hälfte als Schnabel verwenden. Am weißen Rechteck die Ecken abschneiden (Bauch), vom weißen Streifen zwei kleine Stücke zuschneiden (Augen).

3. Die Augen und den Schnabel auf den Kopf kleben. Zwei schwarze Locherpunkte als Pupillen anbringen.

4. Die Füße und den Bauch der Abbildung entsprechend auf den Körper kleben. Die beiden Flügel von hinten mit Klebstoff fixieren.

5. Den Kopf mit Klebstoff am Körper anbringen. Wer mag, kann weiße Tonpapierstreifen als Schneefläche auf einen hellblauen Papierbogen kleben und den Pinguin darauf anbringen.

Polarfuchs

Du brauchst:
weißes, hellblaues und schwarzes Tonpapier, einen graublauen Papierbogen, weiße Märchenwolle, Schere, Klebstoff, Heißkleber, Locher

So gehts:

1. Vom weißen Tonpapier zwei Rechtecke, 12 x 7 cm und 7 x 6 cm, sowie ein Quadrat, 2,5 x 2,5 cm, anfertigen. Einen 1 cm breiten weißen Streifen, etwa 20 cm lang, und einen 1 cm breiten schwarzen Streifen zuschneiden. Etwas weiße Märchenwolle bereitlegen.

2. Vom großen weißen Rechteck die Ecken rund abschneiden (Körper). Das kleinere Rechteck zu einer Seite hin spitz zuschneiden (Kopf), das Quadrat diagonal durchschneiden (Ohren). Für die Beine den weißen Streifen in vier Teile schneiden. Vom schwarzen Streifen zwei kleine Stücke abschneiden und als Augen verwenden.

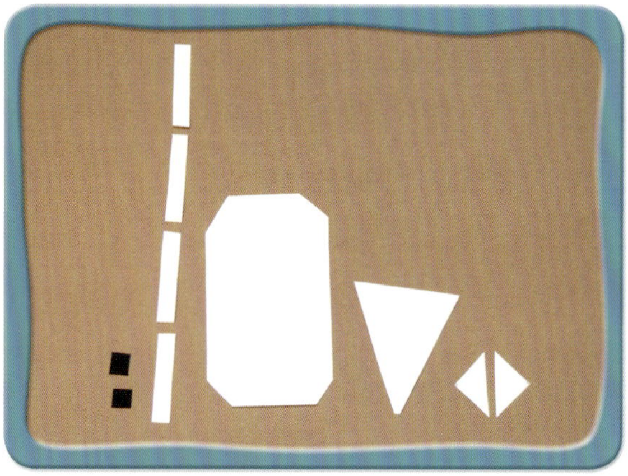

3. Die Beine von hinten mit Klebstoff am Körper befestigen.

4. Die Ohren und die Augen auf den Kopf kleben. Zwei weiße Locherpunkte als Pupillen ergänzen.

5. Den fertiggestellten Kopf auf den Körper kleben. Etwas Märchenwolle als Schwanz an der Rückseite anbringen. Wer mag, kann weiße und hellblaue Tonpapierstreifen als Schneefläche auf einen Papierbogen kleben und den Polarfuchs platzieren.

Inuit & Iglu

Du brauchst:
weißes, hautfarbenes, rotes, braunes und schwarzes Tonpapier, weißes Glanzpapier, weiße Märchenwolle, Schere, Klebstoff, Locher

So gehts:

1. Vom braunen Tonpapier Rechtecke in den Größen 17 x 15 cm, 15 x 4 cm und 11 x 5 cm zuschneiden. Außerdem ein braunes Quadrat, 12 x 12 cm, und ein hautfarbenes Quadrat, 9 x 9 cm, vorbereiten. Zwei Streifen in Weiß und Schwarz, je 1,5 cm breit, anfertigen. Einen roten Kreis, 2,5 cm Ø, sowie etwas Märchenwolle bereitlegen.

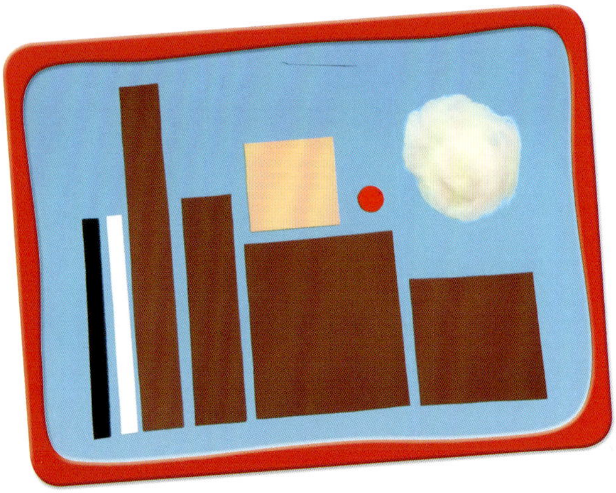

2. Vom großen braunen Rechteck die Ecken abschneiden (Körper), die beiden länglichen braunen Rechtecke halbieren (Arme und Beine). Am braunen Quadrat (Mütze) und hautfarbenen Quadrat (Gesicht) alle Ecken abschneiden. Vom schwarzen Streifen vier kleine Stücke, vom weißen Streifen zwei kleine Stücke abschneiden. Den roten Kreis halbieren.

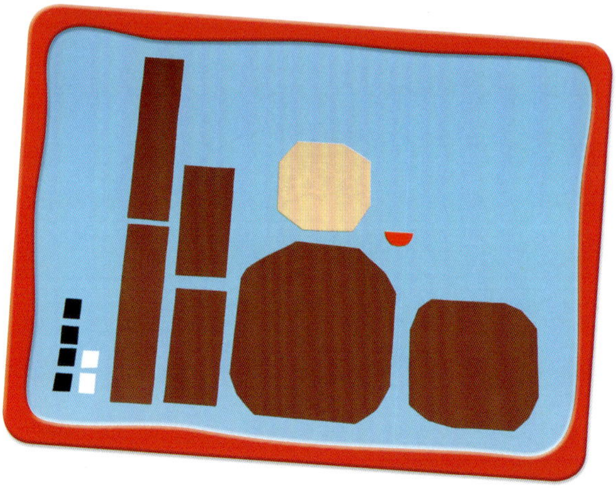

3. Die Einzelteile des Kopfes der Abbildung entsprechend mit Klebstoff zusammensetzen. Zwei schwarze Locherpunkte als Pupillen, einen weiteren schwarzen Locherpunkt als Nase anbringen.

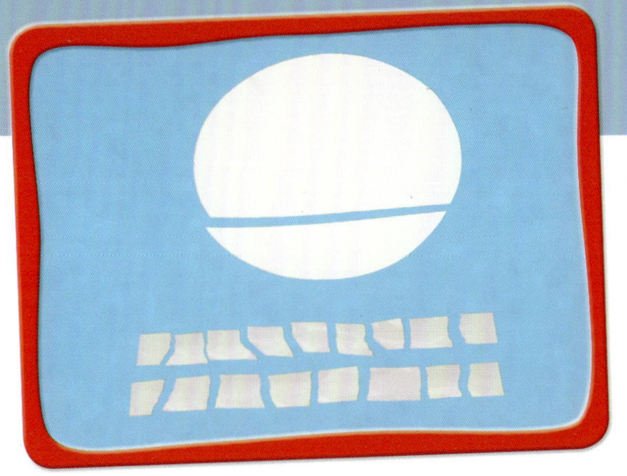

4. Die beiden schmalen braunen Hälften als Arme, die beiden breiten Hälften als Beine mit Klebstoff an der Rückseite des Körpers befestigen. Die vier schwarzen Stücke als Knöpfe aufkleben.

5. Von einem weißen Tonpapierkreis, 45 cm Ø, etwa ein Drittel abschneiden, den Rest für das Iglu verwenden. Zwei weiße Glanzpapierstreifen, etwa 5 cm breit, in mehrere Stücke reißen.

6. Beim Iglu den „Eingang" ausschneiden. Die Glanzpapierstücke aufkleben. Für den Inuit den Kopf am Körper anbringen. Etwas Märchenwolle um das Gesicht herum, an den Händen und an den Füßen aufkleben. Iglu und Inuit können am Fenster dekoriert werden.

Autorinnen

Eva Danner

Beate Vogel

Eva Danner und Beate Vogel sind erfahrene Erzieherinnen, die sich auf den Bereich der Kleinkinderziehung und -förderung spezialisiert haben. In einem Karlsruher Kindergarten betreuen sie seit ein paar Jahren eine Gruppe 1- bis 3-Jähriger. Außerdem veröffentlichen sie in der Reihe „Bausteine Kindergarten – Ideen für die Kleinsten“ Sonderhefte mit Projektideen für die tägliche Arbeit mit den Jüngsten. Die Anregungen und Ideen in diesem Buch sind in der Praxis erprobt und am Ablauf des Kindergartenjahrs orientiert.

Impressum

ISBN 978-3-8388-3428-3

Art-Nr. CV3428

Redaktion: Gisa Windhüfel, Freiburg

Fotos:
Roland Krieg, Waldkirch, Seiten 13, 21, 27, 29, 33, 37, 41, 43, 61
Eva Danner, Beate Vogel, Seiten 9, 11, 25, 30, 45, 47
Reinhard Biermann, Freiburg, Seiten 15, 17, 19, 22, 23, 31, 35, 39, 49, 51, 53, 55, 57, 59

Arbeitsfotos: Eva Danner, Beate Vogel

Layout, Satz & Covergestaltung:
GrafikwerkFreiburg

Coverfoto: ©iStockphoto.com/kate_sept2004

Reproduktion:
Meyle + Müller GmbH & Co. KG, Pforzheim

Druck & Verarbeitung:
Gruppo Editoriale Zanardi SRL, Italy

Autorinnen und Verlag haben alle Angaben und Anleitungen mit größtmöglicher Sorgfalt zusammengestellt. Dennoch kann bei Fehlern keinerlei Haftung für direkte oder indirekte Folgen übernommen werden.